创建家庭友好型工作场所指导手册

中华全国总工会女职工部◎编著

中国工人出版社

前言

创建家庭友好型工作场所，帮助职工平衡工作和家庭责任，是贯彻男女平等基本国策的切实举措，是落实以人民为中心发展思想的题中之义。

近年来，全国总工会女职工委员会先后围绕生育保障制度、职工生育后顾之忧、帮助支持职工平衡工作和家庭责任等问题开展专题调研。调研显示，随着国家生育政策调整和人口老龄化加剧，职工特别是女职工需承担的家务劳动陡增，女职工遭遇职场性别歧视问题愈加凸现，严重阻碍生育政策与性别平等协同落实。在调研的基础上，全国总工会和各地工会聚焦就业机会、职业发展、生育保护、平衡工作和家庭责任等多个环节，全面推动用人单位落实性别平等法律法规政策，将生育友好作为发展战略的重要内容，充分发挥集体协商作用，制定有利于职工平衡工作和家庭责任的措施。

为促进创建家庭友好型工作场所，全国总工会女职工部在深入调研和总结各地良好实践案例的基础上，编制了《创建家庭友好型工作场所指导手册》(以下简称《指导手册》)，详细解读工作和家庭平衡、家庭友好型工作场所的含义，分析点评实践案例，阐释用人单位创建家庭友好型工作场所的步骤和具体措施，以及工会和职工在创建家庭友好型工作场所中应发挥的作用。《指导手册》旨在指导用人单位积极创建家庭友好型工作场所，有效提升职工的获得感、幸福感、安全感，提高用人单位的凝聚力，促进劳动关系和谐，构建家庭友好型社会。

编者

2021年11月

推荐词 1

党中央、国务院高度重视婴幼儿照护服务工作。2021年5月31日，习近平总书记主持召开中央政治局会议，审议通过了《关于优化生育政策促进人口长期均衡发展的决定》，明确实施三孩生育政策，配套实施积极生育支持措施，特别提出支持有条件的用人单位为职工提供托育服务，开启了3岁以下婴幼儿照护服务发展的新阶段。同年8月20日，《人口与计划生育法》修订，明确国家鼓励和引导社会力量兴办托育机构，支持机关、企业事业单位提供托育服务，公共场所和女职工比较多的用人单位应当配置母婴设施，为婴幼儿照护、哺乳提供便利条件。

创建家庭友好型工作场所不仅有助于用人单位提升形象，也是用人单位承担社会责任的具体体现。用人单位提供托育服务、母婴设施等支持，是创建家庭友好型工作场所的重要内容，能够有效解决职工“带娃难题”，帮助其更好地平衡工作和家庭，有利于人才队伍稳定，增强职工归属感和企业凝聚力。

全国总工会女职工部编著的《创建家庭友好型工作场所指导手册》，基于调研，主题鲜明，案例生动，实操性强，对用人单位如何创建家庭友好型工作场所具有很强的指导意义。我们希望越来越多的用人单位能够积极探索、敢于实践，为职工提供普惠的托育服务、便利的母婴设施，推动中央优化生育政策精神落地落实，促进人口长期均衡发展。

国家卫生健康委人口家庭司

2021 年 11 月

推荐词 2

我国《国家人权行动计划（2021 － 2025 年）》提出：促进工作场所性别平等。用人单位建立健全劳动就业、薪酬待遇、职业发展、生育保护以及帮助职工平衡工作和家庭责任、预防和制止职场性骚扰等工作场所性别平等制度机制，推动建立家庭友好型工作场所。

企业是重要的工作场所。企业创建家庭友好型工作场所不仅有助于营造一个更具包容性的工作环境，消除男女职工的后顾之忧，更好地帮助职工平衡工作与家庭的关系，提升职工敬业度，激发职工的工作积极性和潜能，吸引和留住更多优秀人才，而且能助力企业提高生产效率和市场竞争力，实现健康可持续发展。

我们高兴地看到全国总工会女职工部出版《创建家庭友好型工作场所指导手册》。这本手册基于大量的调查研究，理论联系实际，主题明确，框架清晰，从使用对象、基本概念、创建举措、实用工具等方面进行指导，便于企业理解、且易于其操作，是指导广大企业创建家庭友好型工作场所的有价值的操作指南。

我们希望广大企业通过创新性实践，不断创造安全、包容和鼓励性的家庭友好型工作环境，不断激发男女职工的积极性和潜能，促进男女职工更好平衡工作和家庭关系，实现企业可持续发展，为社会发展作出积极贡献。

中国企业联合会雇主工作部

2021 年 11 月

推荐词 3

国际劳工组织中国和蒙古局向全国总工会女职工部编制和出版《创建家庭友好型工作场所指导手册》表示衷心的祝贺。

创建家庭友好型工作场所不仅惠及职工及其家庭，而且可以帮助企业提升职工满意度、忠诚度，从而加强企业竞争力，促进企业和谐劳动关系及可持续发展。创建家庭友好型工作场所还能有效落实性别平等的法律政策和国家人口战略。

《创建家庭友好型工作场所指导手册》为企业和工会如何创建家庭友好的工作环境和条件、帮助职工平衡工作和家庭责任提供了具体措施和操作步骤，实操性强。

希望通过使用《创建家庭友好型工作场所指导手册》，实现企业和职工利益双赢。

国际劳工组织中国和蒙古局

2021 年 11 月

目录

第一部分

指导手册的使用对象

用人单位：

- 了解用人单位在创建家庭友好型工作场所方面的法律义务与社会责任。
- 了解职工平衡工作和家庭责任的困难与需求。
- 建立创建家庭友好型工作场所的制度机制，制订方案并有效实施。
- 开展家庭友好型工作场所状况自查，并与工会合作，不断改进优化相关工作，提升职工满意度。

工会：

- 开展调查研究，根据职工需求提出可行性工作建议。
- 督促用人单位建立家庭友好型工作场所制度机制。
- 推动建立创建家庭友好型工作场所的制度机制。
- 开展创建家庭友好型工作场所和男女共担家庭责任的宣传倡导与培训。
- 维护男女职工的平等权益，构建和谐劳动关系。

职工：

- 了解用人单位在创建家庭友好型工作场所方面应履行的法律义务和社会责任以及相关制度措施和资源。
- 了解自身权益。
- 树立性别平等观念及男女共担家庭责任的理念。
- 参与、促进、监督用人单位创建家庭友好型工作场所。

第二部分

创建家庭友好型工作场所的基本概念和意义

一 什么是工作和家庭平衡

工作和家庭平衡，是指工作与家庭生活之间保持最少的角色冲突，处于相对完美的运行状态。

国际劳工组织《有家庭责任的男女工人公约》（第 156 号）要求，为了促成男女工人切实的机会平等和待遇平等，每一成员国均应以此作为其实行国家政策的目标，既使就业或希望就业的有家庭负担的人能够行使其就业的权利，而不受任何歧视，并且在可能的范围内不使其就业与家庭负担发生抵触。

工作和家庭平衡的内涵可以从下面三个角度来了解：

职工：职工能适当地将时间分配于工作、家庭及个人休闲等领域，减少工作与家庭生活之间的角色冲突。有家庭责任的人可以享有平等的就业机会和福利待遇，以及平等的职业发展机会。

用人单位：用人单位重视职工需求，为职工提供可以兼顾工作、家庭责任及个人生活的措施，合理分担职工的家庭负担，缓和职工因工作和家庭责任失衡所造成的压力，帮助职工提高工作效率。用人单位通过制定家庭友好的企业规章制度、建立促进工作场所性别平等的机制，不排斥、歧视有家庭责任的男女职工，并通过保障男女职工享有产假或陪护假、提供托育托幼设施或者服务等措施积极帮助男女职工平衡工作和家庭责任。

国家：制定禁止就业性别歧视、生育歧视和家庭歧视的相关法律以及科学与平衡的家庭及劳动政策，提供良好的公共设施和公共服务，完善社会保障体系，支持和鼓励用人单位为职工提供托幼服务、制定有利于职工平衡工作和家庭责任的措施，加强执法和司法保障，宣传倡导男女共担家庭责任等性别平等理念，使有家庭照顾责任的职工可以继续在职场工作，支持人口的可持续增长。

创建家庭友好型工作场所可以有效地帮助职工

平衡工作和家庭责任。

二 什么是家庭友好型工作场所

家庭友好型工作场所是指通过制定优化的工作制度，发展有利于职工身心健康的工作环境，支持男女职工平衡工作、家庭和个人生活，让职工能在身心健康的状态下投入工作的工作场所。

家庭友好型工作场所要做到对有家庭责任的男女职工理念态度友好、职业发展友好、生育保护友好、照护支持友好、工作安排友好、职业健康友好。

三 创建家庭友好型工作场所的意义

- 促进有家庭责任的男女职工享有平等工作的机会和待遇，尊重和保障职工权利。
- 解决职工的后顾之忧，提高职工的工作和生活满意度。
- 减少职工旷工和迟到现象，帮助职工提高工作效率和劳动生产率。

- 减少职工承担工作和家庭责任的冲突，减轻其压力。
- 减少人才流失，降低人员招聘、调配和培训等成本。
- 改善劳动关系，提高用人单位吸引并留住职工的能力。
- 树立用人单位的良好形象，提高其市场竞争力。

第三部分

用人单位如何创建家庭友好型工作场所

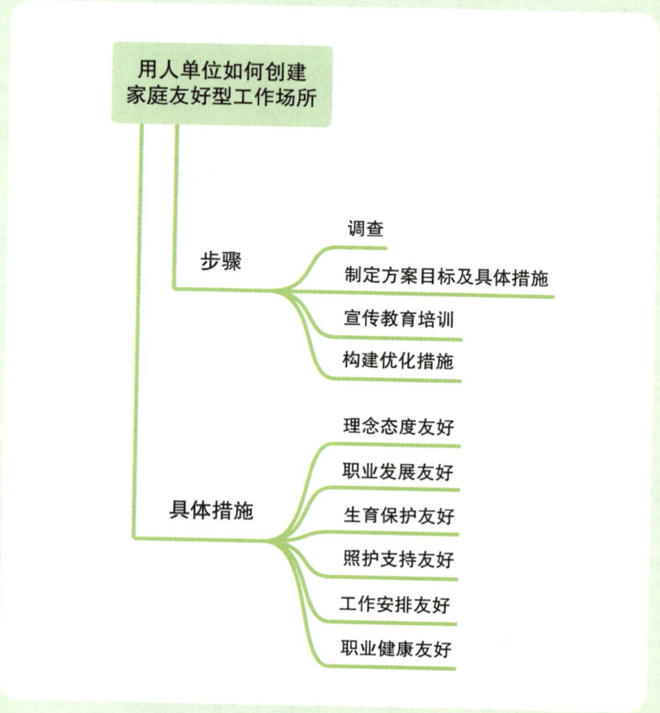
用人单位如何创建家庭友好型工作场所
步骤
调查
制定方案目标及具体措施
宣传教育培训
构建优化措施
具体措施
理念态度友好
职业发展友好
生育保护友好
照护支持友好
工作安排友好
职业健康友好

一 创建家庭友好型工作场所的步骤

（一）调查

用人单位根据本单位人事等相关资料，在工会和职工代表的参与下调查不同年龄和性别的职工在平衡工作和家庭责任方面的困难和需求；调查了解本单位、周边社区和政府有关部门在帮助职工平衡工作和家庭责任方面可以提供的资源等信息；调查本单位已经实施的创建家庭友好型工作场所的制度措施及执行情况。

（二）制定方案目标及具体措施

用人单位根据调查结果，确定创建家庭友好型工作场所的方案目标及具体措施。具体措施应包括对有家庭责任的职工实行理念态度友好、职业发展友好、生育保护友好、照护支持友好、工作安排友好、职业健康友好等方面的措施。

用人单位明确高层管理者负责组织本单位创建家庭友好型工作场所工作，确立责任部门和责任人员，组织相关制度的制定、实施和对过程的监督。

（三）宣传教育培训

用人单位培育良好、宽松的家庭友好型企业文化，通过宣传倡导使用人单位、工会和职工对性别平等有正确的认识，消除性别角色定型的陈旧观念。一方面，用人单位向职工宣传相关制度规定，让职工知晓单位提供的相关福利和服务，并及时告知职工相关规定的变化情况；另一方面，对男女职工进行共同承担家庭责任的教育及培训。

（四）构建优化措施

用人单位建立监督评估机制，监测具体制度措施的落实情况和实施效果，定期公布实施进展的情况和面临的问题，及时与责任部门、工会沟通，并根据职工需求的变化以及各方面资源的变化情况，与时俱进且有针对性地提出改进方案和措施。

二 创建家庭友好型工作场所的具体措施

（一）理念态度友好

用人单位的高层领导对有家庭责任的职工在态度上保持友好，在建立畅通友善的组织沟通机制的基础上，了解职工困难和需求；制定帮助职工平衡工作和家庭责任的目标、方案和具体措施；开展面向管理者和职工的咨询和培训，积极宣传倡导男女职工共同承担家庭责任的理念。

实践案例：

某公司高层领导多次在公司重要会议上表达对职工承担家庭责任的理解和支持，强调创建家庭友好型工作场所的重要性。公司工会深入各部门、各车间了解职工家庭中未成年子女、老人、病人的情况，了解职工生活的困难和职工在平衡工作和家庭责任方面的需求，以及职工希望用人单位采取哪些措施支持其履行家庭责任，并向男女职工广泛征集意见。在此基础上，对男女职工的需求和意见进行讨论梳理。

公司工会、工会女职工委员会、综合管理

部和人力资源管理部门参照《劳动法》《妇女权益保障法》《女职工劳动保护特别规定》等法律法规以及全国总工会编制的《促进工作场所性别平等指导手册》，联合对公司人力资源管理制度、员工手册等规章制度进行了集中检查，及时修订了员工手册及女职工权益保护专项集体合同的相关条款，将帮助职工平衡工作和家庭责任的相关制度措施明确纳入员工手册、集体合同和女职工权益保护专项集体合同内容，纳入公司人力资源管理等相关工作制度。

公司工会女职工委员会牵头组建“公司工会女职工工作信息员”队伍，建立性别平等工作联系机制，组织开展性别平等相关法律法规执行情况的监督检查整改活动，考察公司平衡工作和家庭责任相关措施落实情况。

点评 该公司高层领导多次表达对有家庭责任的职工的友好支持和不歧视态度，积极了解职工平衡工作和家庭责任的困难与需求，设立支持职工平衡工作和家庭责任的方案和目标，创建家庭友好型工作场所的制度机制和具体措施，并进行家庭友好型工作场所状况自查，这些做法表明了用人单位对有家庭责任的职工的友好态度，值得其他用人单位借鉴。

用人单位应确立性别平等工作目标，制订推动性别平等和家庭友好的策略和具体方案，并把促进工作和家庭平衡纳入核心管理制度与实践中，让管理部门和职工有据可依；并应公告于内部网站或者写入员工手册中，持开放态度让职工申请使用。用人单位应明确责任部门和人员牵头负责处理本单位包括帮助职工平衡工作和家庭责任在内的性别平等事宜，积极关注、调查和追踪家庭友好型工作场所的各项制度和措施的实施效果，将各项规章制度落到实处。

（二）职业发展友好

用人单位应保障生育女职工以及其他有家庭责任的职工享有平等的就业机会、职业发展机会和待遇。保障男女职工生育假期后返回原岗位或工资相同岗位的权利，为生育女职工提供产后返岗培训、逐步恢复工作的适应时间等支持，以帮助其产假后顺利返回工作岗位并胜任工作。用人单位应积极促进和帮助有家庭责任的职工制订和落实职业发展计划。

实践案例：

某公司在其《女职工权益保护专项集体合同》中明确规定，女职工生育后原则上应安排其回到原岗位工作，如因特殊情况需要变动的，应与女职工协商解决，协商调动的岗位的工作待遇应与原岗位持平。该公司每年都开展职工课堂，为生育后返岗女职工提供一个“再”培训的机会，使她们能够尽快适应工作岗位，避免因生育造成与工作的脱节。同时，对哺乳期女职工实行弹性工作制度，并为其提供产假后逐步恢复工作的适应时间，允许有1至2周的时间逐步恢复原定额的工作量。

点评 《妇女权益保障法》《女职工劳动保护特别规定》均规定，用人单位不得因女职工怀孕、生育、哺乳降低其工资、予以辞退、与其解除劳动或者聘用合同。用人单位安排女职工在其产假结束后返回同一岗位或工资相同的岗位，是保障生育女职工合法权益，支持女职工职业发展的必要举措。

另外，女职工经历几个月的产假重返工作岗位后，从工作技能、身体以及心理上都需要一个逐渐恢复和适应的过程。用人单位应该充分考虑产假返岗女职工的状况和需求，为休完产假的女职工提供工作培训等支持和帮助。

（三）生育保护友好

用人单位应提供产假及陪产假、生育医疗费用和生育津贴；根据女职工的需要，建立女职工休息哺乳室、孕妇休息室等场所，为产后回归职场的女职工提供母乳喂养支持。

实践案例：

某公司建立健全性别平等工作机制，按照法律法规规定严格落实职工产假、陪产假和哺乳时间，依法为职工缴纳生育保险，将女职工“四期”保护相关内容纳入企业的集体合同、女职工权益保护专项集体合同和公司休假管理规定。公司为怀孕女职工提供爱心胸牌，怀孕女职工佩戴爱心胸牌用餐时可获得孕妇餐，并可享受不限窗口、优先取餐等特殊待遇，还可享受班车孕妇专座、孕妇专用停车位和储物柜等待遇。公司建立了安全、卫生、温馨的女职工休息哺乳室，配备了婴儿台、吸奶器、冰箱、沙发、单人床等，制定了《母婴爱心屋使用管理制度》《母婴爱心屋日常清洁制度》《母婴爱心屋图书借阅管理制度》等。公司还建立了妇幼资讯交流平台，定期开展妈妈课堂活动，交流育儿经验、开展健康知识讲座。

点评 用人单位应履行法律义务，给予女职工生育保护，落实法律法规关于产假、哺乳时间、生育保险以及女职工休息哺乳室等方面的规定，为孕期、哺乳期女职工提供暖心服务。该公司为孕期、哺乳期女职工提供的各项关爱措施非常贴心，有助于缓解女职工孕期及产假后身心上的不适感，帮助女职工平衡工作和家庭责任，也有助于企业留住人才，提升企业凝聚力。

用人单位在建立女职工休息哺乳室时，应从满足女职工需求出发，提供如婴儿台、消毒器、冰箱等设施设备，符合《公共场所母婴设施配置推荐标准》，并建立健全女职工休息哺乳室运行管理制度，明确相关人员职责，做好日常管理和维护，确保女职工休息哺乳室私密、安全、卫生。用人单位还可进一步在职工教育中强化母乳喂养理念、缓解育儿焦虑，广泛开展母乳喂养知识讲座、普法宣传、心理咨询等活动，为职场妈妈哺乳和育儿提供指导。

用人单位还应该保障男职工陪产假，开展男女职工共担家庭责任的宣传倡导。

（四）照护支持友好

用人单位根据职工需求和单位实际，采取单独或联合相关单位共同举办的方式，在工作场所为职工提供福利性托育、托管等照护服务；根据地方的规定和单位实际，落实生育奖励假、父母育儿假等，为男女职工提供照护子女、老人和病人的支持。

实践案例：

某单位紧扣解决群众“急难愁盼”问题，通过走访问需，了解到不少职工面临带娃难题后，联合某托育服务品牌开办福利性托育机构，根据有娃职工的工作特点，每周一至周六早上 7 点 15 分到晚上 8 点 15 分，为 3 岁以下婴幼儿提供包含全日托、半日托、计时托、临时托等多种形式的最长达 13 小时的托育服务，聘请专业的保育师、育婴师及保健人员开展专业、规范的保育照护工作，为在托婴幼儿提供营养均衡的“两点一餐”，切实解决了职工后顾之忧。

点评 祖辈照料负担过重、女性职业发展受阻、养育成本高等现象，已成为制约家庭再生育的重要因素。该企业为帮助职工解决“带娃难题”，提供托育服务，有利于职工更好地平衡工作和家庭责任，不仅解决了子女照护问题，还为孩子创造了积极向好的成长环境。这对于用人单位稳定职工、留住人才、吸引人才，鼓励职工积极工作具有十分积极的作用。

2021年8月20日，《中华人民共和国人口与计划生育法》修订，明确“国家鼓励和引导社会力量兴办托育机构，支持幼儿园和机关、企事业单位、社区提供托育服务”。用人单位应积极为职工提供专业规范、福利性的托育服务，帮助职工解决子女照护困难。暂时没有条件的用人单位，可以采取和其他单位合办的方式，为职工提供托育服务。

实践案例：

为解决职工子女的入托入学问题，某公

司积极寻找资源，对接离公司较近的优质幼儿园和小学，落实职工子女的就读问题。为不方便带子女到公司附近上幼儿园的职工提供子女托幼保育费补贴，并按照当地物价部门核准项目、标准，凭幼儿园的收费票据进行报销。此外，针对职工子女暑期无人看管的难题，从2011 年开始，公司每年都通过向公司附近的早教中心购买服务的方式组织开办小候鸟暑期班。小候鸟暑期班不仅开设假期作业辅导、舞蹈、阅读、绘画等课程，提供午休服务，还提供免费的午餐、下午茶点，并为小朋友送上免费的学习用具、课本等，让职工既开心又放心，有效解决职工的后顾之忧。目前共有3100多人次的职工子女受惠。

点评 随着人口老龄化和子女养育的精细化，以及公共照料服务和设施的不完备，照护老人、孩子、病人已经成为职工平衡工作和家庭责任面临的突出问题。该公司为帮助职工照顾家庭所提供的子女就学支持政策、托管服务等，有利于帮助职工更好地实现工作和家庭平衡，解决职工的后顾之忧。这对于用人单位留住人才，鼓励职工更好地投入工作，提高职工工作效率非常重要。

用人单位应积极提供职工子女托育、托幼、托管等照护支持服务，帮助职工在承担

照护责任的同时更加积极地投入工作。暂时没有条件的用人单位也可通过为职工提供儿童照护服务的信息等途径，帮助职工缓解照护压力。

（五）工作安排友好

用人单位根据职工需求和本单位实际，在符合法律法规规定的前提下，为职工提供弹性和灵活的工作时间及地点，比如错峰上下班、调整工作时间、居家或远程办公等，使职工增加安排工作的自主性，能兼顾家庭责任和个人生活。允许职工紧急休假，以帮助职工承担起紧急的照护责任。

1. 提供让职工灵活安排工作时间和地点的选择，包括居家或远程办公。

实践案例：

某客户服务公司施行弹性工作制，并将弹性工作制度写入员工合同及员工手册。弹性工作制包括灵活的工作时间（如早来早走、晚来晚走、错峰上下班等）和在条件允许的情况下居家或远程办公。弹性工作安排的审批权限在部门经理和项目负责人手中，公司为职工居家或远程办公提供设备、网络、技术等。对孕期、哺乳期女职工以及家中有未成年子女、老人、病人、残疾人等需要照护的职工，经本人申请，公司结合实际优先安排其居家或远程办公，允许其灵活安排休假及工作时间。

点评 用人单位需认识到营造家庭友好型工作环境对自身的益处，从而积极主动地提供有利于职工平衡工作和家庭责任的工作条件。首先，用人单位在现有工作制度中遵循上下班时间和休假制度，尽量减少不必要的加班，尽量保证职工能够如期休假，保障职工的家庭时间不被工作挤占。其次，用人单位可以学习家庭友好型企业的先进经验，逐步推行弹性工作时间和地点，使职工能够更为灵活地调配时间，更好地平衡工作和家庭责任。具备条件的企业，可以运用云办公系统等现代信息技术手段启动居家或远程办公等创新工作方式，根据实际情况为职工提供灵活多样的工作形式。

2. 允许职工紧急休假，帮助职工承担起紧急的照护责任。

实践案例：

某公司在遵守国家和地方关于产假、陪产假等各项假期规定的基础上，规定职工的年休假最小休假单位为半天，休假手续简捷，职工可使用年休假来处理紧急的家庭事务。对于家庭中有病人需要照护或者因病造成家庭困难的职工，从单位、车间、工区班组等层面都给予充分的照顾，在尊重职工本人意愿的前提下，适当调整工作岗位，让职工有更多的精力照护病人。公司组织了志愿者服务队，对家庭突发实际困难的职工提供志愿服务。同时，该公司

为体现对哺乳期和育儿期职工的支持，规定职工每年带薪病假中有 2 天可用于孩子生病时的请假，特批子女参加中、高考的职工享有 4 天假期。

点评 需要承担对家庭成员的紧急照护责任，是有家庭责任的职工普遍面临的难题。用人单位可以根据实际情况，设置相应的家庭照护假，以支持职工更好地承担家庭照护责任。用人单位可根据实际情况，明确家庭照护假的使用对象及条件，设置定量和最长期限；也可采用无薪规定，以减轻用人单位的负担和顾虑。同时，用人单位可根据职工的需求，提供其他创意假期，如家长会假、陪考假、休闲假等，在兼顾用人单位成本的考量下，支持职工充分履行照顾家庭的责任。

（六）职业健康友好

用人单位应关爱职工职业健康，遵守女职工禁忌从事的劳动范围规定，减少职业因素对生殖健康的影响，营造支持性和舒适性的工作环境。制定职业安全卫生检查清单，并定期检查，发现问题及时解决。

实践案例：

某公司为职工提供每年一次的全面健康体检，根据职工性别、年龄、岗位性质、工作区域分布等特点，主动为职工提供预防性的健康措施，并从年度健康检查资料分析与问卷统计资料中了解职工目前的健康风险，为职工提供后续促进健康的方案与咨询服务。在关注全体职工健康的情况下，公司针对女职工进行生育健康保护，不安排孕期、哺乳期的女职工加班和夜班劳动，并书面告知女职工本单位属于女

职工禁忌从事劳动范围的岗位。

该公司也通过硬件办公环境的设计，主动营造更具支持性、更容易激发职工创意的友善工作环境。比如，公司设置咖啡吧、风格活泼的讨论室等，通过舒适的沙发、茶几、灯光等，为职工营造友善的工作氛围，帮助职工缓解工作压力和焦虑情绪。

点评 为保障职工健康，用人单位应提供安全健康的工作环境，建立保护孕期、哺乳期、经期女职工健康与安全的专门规定；应为职工提供体检，并对女职工定期进行妇科疾病及乳腺疾病检查。用人单位不能安排经期、孕期、哺乳期女职工从事法律规定的禁忌劳动范围工作。当工作场所存在危害生育健康因素时，职工有权要求调离岗位，并保持薪资不变。

该公司对友善工作环境的设计将潜移默化地提高职工的工作效率与团队合作默契，并有助于职工的身心健康。用人单位也可以考虑设置健康管理师，了解职工身心健康情况，为职工提供个性化的健康咨询与指导，并根据职工需求推动健康促进方案。用人单位还应按性别分类建立职业健康监护档案，并按照规定的期限予以妥善保存。

第四部分

工会和职工在创建家庭友好型工作场所中应发挥的作用

一 工会在创建家庭友好型工作场所中的作用

工会要积极推动和参与到用人单位创建家庭友好型工作场所各项制度的制定、实施和监督中。

（一）加强源头参与，并监督创建家庭友好型工作场所工作

工会应积极推动和参与国家、地方关于创建家庭友好型工作场所相关法律政策的制定，督促用人单位制定创建家庭友好型工作场所的目标及实施方案，并为帮助男女职工平衡工作和家庭责任提供支持，协助用人单位建立评估、自查体系。

（二）充分发挥集体协商在创建家庭友好型工作场所中的作用

工会应广泛征求职工意见，在确定协商议题、推举协商代表等方面充分考虑男女职工需求，确保女职工的参与度和代表性。工会应推动将帮助男女职工平衡工作和家庭责任措施等内容纳入集体合同和女职工权益保护专项集体合同。

（三）充分发挥工会女职工委员会在帮助职工平衡工作和家庭责任中的作用

工会应充分发挥工会女职工委员会的职能，积极参与和监督本单位创建家庭友好型工作场所工作，及时发现、反映、督促解决职工在平衡工作和家庭责任方面的问题。

（四）开展调查研究，加强男女共担家庭责任的宣传倡导和建设能力

为帮助职工平衡工作和家庭责任，工会应对男女职工的家庭责任承担状况、困难和需求进行调查，定期收集、分析相关信息，针对发现的问题提供解决措施。加强对男女职工的倡导和教育。同时，工会应提高工会干部自身促进性别平等的能力，并积极借助专业力量，协助用人单位面向管理者及职工开展宣传、咨询、培训，同时在实际工作中提供指导、服务和监督。

二 职工如何参与创建家庭友好型工作场所

（一）积极参与用人单位的调查，对用人单位建立家庭友好型工作场所提出建议。

（二）积极学习和参加培训，了解国家相关法律法规政策，以及用人单位的相关制度措施和资源。

（三）积极与单位、上级和同事沟通自己在平衡工作和家庭责任方面遇到的困难和需求，寻求领导和同事的支持和帮助。

（四）尽可能地向其他有家庭责任的同事提供支持和帮助。

（五）积极在家庭中倡导和践行男女共担家庭责任的理念。

（六）积极参与并监督创建家庭友好型工作场所制度机制的实施。

附录1

调查表

（以企业为例）

1. 您目前的婚姻状况?

2. 您有几个未成年（未满18周岁）的孩子，分别是几岁?

3. 您家中有几个需要您照护的高龄（80岁及以上）老人?

4 您家中有几个需要您长期照护的病人或残疾人?

5. 家庭责任对您的工作有哪些影响?（可多选）

（1）中断职业□

（2）放弃工作机会□

（3）放弃培训进修的机会□

（4）选择离家较近、工作轻松，但职业发展及薪资待遇有限的工作□

（5）影响升职□

（6）收入降低□

（7）社保中断□

（8）不敢随意更换工作□

（9）影响完成工作任务□

（10）影响上下班时间及加班等□

（11）其他□（请注明）________________

（12）没有影响□

6. 您认为企业采取以下哪些措施有利于支持职工履行家庭照护责任？（可多选）

（1）为职工提供子女托幼服务□

（2）为职工提供子女托管服务□

（3）为女职工提供产假后逐步恢复工作的适应时间□

（4）为男职工提供陪产假□

（5）为职工提供紧急休假，帮助职工承担起紧急照护责任□

（6）其他□（请具体描述）________________

7. 您认为企业采取以下哪些措施有利于促进男女职工平衡工作和生活？（可多选）

（1）提供灵活安排工作时间的选择□

（2）提供适当减少工作时间的选择□

（3）提供居家或远程办公的选择□

（4）提供无薪休假来承担家庭责任的选择□

（5）其他□（请具体描述）________________

附录2

检查清单

（以企业为例）

您的企业在为职工平衡工作和家庭责任方面是否做了以下工作?	是	否	不确定
1. 制定体现平衡工作和家庭责任的规定，并制定实施方案			
2. 将帮助职工平衡工作和家庭责任的措施纳入集体合同或女职工权益保护专项集体合同			
3. 对职工在平衡工作和家庭责任方面的需求进行评估			
4. 将上述评估的结果转化为具体的平衡工作和家庭责任的政策和实际措施			
5. 就如何帮助职工平衡工作和家庭责任与职工进行协商讨论			

续 表

您的企业在为职工平衡工作和家庭责任方面是否做了以下工作?	是	否	不确定
6. 向职工宣传企业相关规定，让职工知晓企业提供的相关福利和服务，并及时通知规定的变化情况			
7. 对职工进行平衡工作和家庭责任方面的宣传教育，让家庭负担重的职工优先选择工作时间和休息时间			
8. 尽可能提供灵活安排工作时间的选择			
9. 尽可能提供居家或远程办公的选择			
10. 为女职工提供支持或培训，帮助女职工休完产假返回工作岗位并胜任工作			
11. 为女职工提供产假后逐步恢复工作的适应时间			

续 表

您的企业在为职工平衡工作和家庭责任方面是否做了以下工作？	是	否	不确定
12. 在需要调动职工异地工作时考虑其配偶的工作安排及其子女的受教育可能性			
13. 提供职工子女托幼服务（如托儿所、幼儿园）			
14. 提供职工子女托管服务（如寒暑假及课后托管班等）			
15. 允许职工紧急休假，帮助职工承担起紧急照护责任			
16. 根据地方的规定和企业实际，为男女职工提供照顾子女的假期			
17. 在职工中进行性别平等的培训和倡导，鼓励和表彰在平衡工作和家庭责任方面做得好的职工			

附录3

创建家庭友好型工作场所有关法律法规政策规定和相关国际公约规定

《创建家庭友好型工作场所指导手册》依据我国有关法律法规政策规定和相关国际公约规定制定，旨在推动用人单位落实法律法规政策规定，承担社会责任，创建家庭友好型工作场所，为工会组织和职工在创建家庭友好型工作场所中发挥作用提供指导。

一、我国相关法律法规政策规定

（一）我国相关法律法规规定

《妇女权益保障法》（摘录）

第二十四条 实行男女同工同酬。妇女在享受福利待遇方面享有与男子平等的权利。

第二十五条 在晋职、晋级、评定专业技术职务等方面，应当坚持男女平等的原则，不得歧视妇女。

第二十六条 任何单位均应根据妇女的特点，依法保护妇女在工作和劳动时的安全和健康，不得安排不适合妇女从事的工作和劳动。

妇女在经期、孕期、产期、哺乳期受特殊保护。

第二十七条 任何单位不得因结婚、怀孕、产假、哺乳等情形，降低女职工的工资，辞退女职工，单方解除劳动（聘用）合同或者服务协议。但是，女职工要求终止劳动（聘用）合同或者服务协议的除外。

各单位在执行国家退休制度时，不得以性别为由歧视妇女。

《人口与计划生育法》(摘录)

第二十五条 符合法律、法规规定生育子女的夫妻，可以获得延长生育假的奖励或者其他福利待遇。

国家支持有条件的地方设立父母育儿假。

第二十八条 县级以上各级人民政府综合采取规划、土地、住房、财政、金融、人才等措施，推动建立普惠托育服务体系，提高婴幼儿家庭获得服务的可及性和公平性。

国家鼓励和引导社会力量兴办托育机构，支持幼儿园和机关、企业事业单位、社区提供托育服务。

托育机构的设置和服务应当符合托育服务相关标准和规范。托育机构应当向县级人民政府卫生健康主管部门备案。

第二十九条 县级以上地方各级人民政府应当在城乡社区建设改造中，建设与常住人口规模相适应的婴幼儿活动场所及配套服务设施。

公共场所和女职工比较多的用人单位应当配置母婴设施，为婴幼儿照护、哺乳提供便利条件。

《未成年人保护法》（摘录）

第八十四条 各级人民政府应当发展托育、学前教育事业，办好婴幼儿照护服务机构、幼儿园，支持社会力量依法兴办母婴室、婴幼儿照护服务机构、幼儿园。

县级以上地方人民政府及其有关部门应当培养和培训婴幼儿照护服务机构、幼儿园的保教人员，提高其职业道德素质和业务能力。

《残疾人保障法》（摘录）

第四十九条 地方各级人民政府对无劳动能力、无扶养人或者扶养人不具有扶养能力、无生活来源的残疾人，按照规定予以供养。

国家鼓励和扶持社会力量举办残疾人供养、托养机构。

残疾人供养、托养机构及其工作人员不得侮辱、虐待、遗弃残疾人。

《女职工劳动保护特别规定》（摘录）

第五条 用人单位不得因女职工怀孕、生育、哺乳降低其工资、予以辞退、与其解除劳动或者聘用合同。

第七条 女职工生育享受 98 天产假，其中产前可以休假 15 天；难产的，增加产假 15 天；生育多胞胎的，每多生育 1 个婴儿，增加产假 15 天。

女职工怀孕未满 4 个月流产的，享受 15 天产假；怀孕满 4 个月流产的，享受 42 天产假。

第九条 对哺乳未满 1 周岁婴儿的女职工，用人单位不得延长劳动时间或者安排夜班劳动。

用人单位应当在每天的劳动时间内为哺乳期女职工安排 1 小时哺乳时间；女职工生育多胞胎的，每多哺乳 1 个婴儿每天增加 1 小时哺乳时间。

第十条 女职工比较多的用人单位应当根据女职工的需要，建立女职工卫生室、孕妇休息室、哺乳室等设施，妥善解决女职工在生理卫生、哺乳方面的困难。

（二）我国相关政策规定

《中共中央 国务院关于优化生育政策促进人口长期均衡发展的决定》（摘录）

（十六）大力发展多种形式的普惠服务。发挥中央预算内投资的引导和撬动作用，推动建设一批方便可及、价格可接受、质量有保障的托育服务机构。支持有条件的用人单位为职工提供托育服务。鼓励国有企业等主体积极参与各级政府推动的普惠托育服务体系建设。加强社区托育服务设施建设，完善居住社区婴幼儿活动场所和服务设施。制定家庭托育点管理办法。支持隔代照料、家庭互助等照护模式。支持家政企业扩大育儿服务。鼓励和支持有条件的幼儿园招收2至3岁幼儿。

（十八）完善生育休假与生育保险制度。严格落实产假、哺乳假等制度。支持有条件的地方开展父母育儿假试点，健全假期用工成本分担机制。继续做好生育保险对参保女职工生育医疗费用、生育津贴待遇等的保障，做好城乡居民医保参保人生育医疗费用保障，减轻生育医疗费用负担。

（二十一）保障女性就业合法权益。规范机关、企事业等用人单位招录、招聘行为，促进妇女平等就业。落实好《女职工劳动保护特别规定》，定期开展女职工生育权益保障专项督查。为因生育中断就业的女性提供再就业培训公共服务。将生育友好作为用人单位承担社会责任的重要方面，鼓励用人单位制定有利于职工平衡工作和家庭关系的措施，依法协商确定有利于照顾婴幼儿的灵活休假和弹性工作方式。适时对现行有关休假和工作时间的政策规定进行相应修改完善。

《中国妇女发展纲要（2021-2030年）》（摘录）

（三）妇女与经济。

8. 改善女性劳动者劳动安全状况。广泛开展劳动安全和健康宣传教育，加大《女职工劳动保护特别规定》宣传执行力度，提高用人单位和女性劳动者的劳动保护和安全生产意识。将女职工劳动保护纳入职业健康和安全生产监督管理范围，加强对用人单位的劳动保障监察以及劳动安全和职业健康监督。督促用人单位加强对女职工经期、孕期、哺乳期的特殊保护，落实哺乳时间和产假制度。督促用人单位加强职业防护和职业健康监督保护，保障女职工在工作中免受有毒有害物质和危险生产工艺的危害。

9. 保障女职工劳动权益。督促用人单位规范用工行为，依法与女职工签订劳动合同，推动签订女职工权益保护专项集体合同。加强劳动保障法律监督。指导用人单位建立预防和制止性骚扰工作机制，完善相关执法措施。加强劳动用工领域信用建设，加大对侵犯女职工劳动权益行为的失信惩戒力度。推动有条件的劳动人事争议仲裁机构设立女职工维权仲裁庭，依法处理女职工劳动争议案件。

10. 为女性生育后的职业发展创造有利条件。禁止用人单位因女职工怀孕、生育、哺乳而降低工资、恶意调岗、予以辞退、解除劳动（聘用）合同，推动落实生育奖励假期间的工资待遇，定期开展女职工生育权益保障专项督查。为女性生育后回归岗位或再就业提供培训等支持。高校、研究机构等用人单位探索设立女性科研人员生育后科研回归基金。推动用人单位根据女职工需要建立女职工哺乳室、孕妇休息室等设施。支持有条件的用人单位为职工提供福利性托育托管服务。

（六）妇女与家庭建设。

8. 促进男女平等分担家务。倡导夫妻在家务劳动中分工配合，共同承担照料陪伴子女老人、教育子女、料理家务等家庭责任，缩小两性家务劳动时间差距。促进照料、保洁、烹饪等家务劳动社会化，持续推动家政服务业提质扩容增效，发展婴幼儿照护服务和失能失智老年人长期照护服务，增强家庭照护能力，研发家务劳动便利化产品。督促用人单位落实探亲假、职工带薪休假、配偶陪产假等制度，鼓励用人单位实施灵活休假和弹性工作制度，创造生育友好的工作环境，支持男女职工共同履行家庭责任。

9. 提高老年妇女的家庭生活质量。倡导养老、孝老、敬老的家庭美德，支持家庭履行赡养老人的主体责任。鼓励子女与老年人共同生活或就近居住，为长期照护老年人的家庭成员提供“喘息服务”。督促用人单位保障赡养义务人的探亲休假权利，推动建立子女护理假制度。建立完善社区老年人关爱服务机制。发展银发经济，推进智慧健康养老，满足老年妇女生活需要。依法保障老年妇女婚姻自由和家庭财产权利。

《中国儿童发展纲要（2021–2030 年）》（摘录）

（四）儿童与福利。

5．发展普惠托育服务体系。将婴幼儿照护服务纳入经济社会发展规划，研究编制托育服务发展专项规划，强化政策引导，综合运用土地、住房、财政、金融、人才等支持政策，扩大托育服务供给。大力发展多种形式的普惠托育服务，推动建设一批承担指导功能的示范托育服务机构和社区托育服务设施，支持有条件的用人单位为职工提供托育服务，鼓励国有企业等主体积极参与各级政府推动的普惠托育服务体系建设，支持和引导社会力量依托社区提供普惠托育服务，鼓励和支持有条件的幼儿园招收2—3岁幼儿，制定家庭托育点管理办法。加大专业人才培养培训力度，依法逐步实行从业人员职业资格准入制度。制定完善托育服务的标准规范，加强综合监管，推动托育服务规范健康发展。

（五）儿童与家庭。

8．完善支持家庭生育养育教育的法律法规政策。推进家庭教育立法及实施。完善三孩生育政策配套措施。促进出生人口性别比趋于正常。提高优生优育服务水平，增加优质普惠托育服务供给，推进教育公平与优质教育资源供给，落实产假制度和生育津贴，探索实施父母育儿假。推动将 3 岁以下婴幼儿照护服务费用纳入个人所得税专项附加扣除，加强住房等支持政策，减轻生育养育教育负担。将困境儿童及其家庭支持与保障作为家庭支持政策的优先领域。加快完善家政服务标准，提高家庭服务智慧化和数字化水平。鼓励用人单位创办母婴室和托育托管服务设施，实施弹性工时、居家办公等灵活的家庭友好措施。

《关于促进 3 岁以下婴幼儿照护服务发展的指导意见》（摘录）

全面落实产假政策，鼓励用人单位采取灵活安排工作时间等积极措施，为婴幼儿照护创造便利条件。

支持脱产照护婴幼儿的父母重返工作岗位，并为其提供信息服务、就业指导和职业技能培训。

支持用人单位以单独或联合相关单位共同举办的方式，在工作场所为职工提供福利性婴幼儿照护服务，有条件的可向附近居民开放。

鼓励支持有条件的幼儿园开设托班，招收 2 至 3 岁的幼儿。

《关于进一步规范招聘行为促进妇女就业的通知》（摘录）

人力资源社会保障部、教育部、全国总工会等 9 部门 2019 年 2 月发布，要求“促进 3 岁以下婴幼儿照护服务发展，加强中小学课后服务，缓解家庭育儿负担，帮助妇女平衡工作与家庭”。

《关于促进家政服务业提质扩容的意见》（摘录）

国务院办公厅 2019 年 6 月发布，要求推动家政进社区，促进居民就近享有便捷服务。

支持家政企业在社区设置服务网点。家政企业在社区设置服务网点，其租赁场地不受用房性质限制，水电等费用实行居民价格。支持依托政府投资建设的城乡社区综合服务设施（场地）设立家政服务网点，有条件的地区可减免租赁费用。

加大社区家庭服务税费减免力度。落实好支持养老、托幼、家政等社区家庭服务业发展的税费优惠政策。

《关于支持新业态新模式健康发展 激活消费市场带动扩大就业的意见》（摘录）

国家发展改革委、中央网信办、工业和信息化部等 13 个部门于 2020 年 7 月联合印发，要求把支持线上线下融合的新业态新模式作为经济转型和促进改革创新的重要突破口，打破惯性思维。

鼓励发展便捷化线上办公。打造“随时随地”的在线办公环境，在部分行业领域形成对线下模式的常态化补充。支持远程办公应用推广和安全可靠的线上办公工具研发，满足日常性多方协同工作、异地协同办公需求，有效支撑工作效率提升、业务协同模式创新和业务组织方式变革。推动完善电子合同、电子发票、电子印章、电子签名、电子认证等数字应用的基础设施，为在线办公提供有效支撑。

二、我国批准的相关国际公约规定

《消除对妇女一切形式歧视公约》（摘录）

第五条

缔约各国应采取一切适当措施：

（a）改变男女的社会和文化行为模式，以消除基于因性别而分尊卑观念或基于男女定型任务的偏见、习俗和一切其他方法。

（b）保证家庭教育应包括正确了解母性的社会功能和确认教养子女是父母的共同责任，但了解到在任何情况下应首先考虑子女的利益。

第十一条

1. 缔约各国应采取一切适当措施，消除在就业方面对妇女的歧视，以保证她们在男女平等的基础上享有相同权利，特别是：

（a）人人有不可剥夺的工作权利；

（b）享有相同就业机会的权利，包括在就业方面相同的甄选标准；

（c）享有自由选择专业和职业，升级和工

作保障，一切工作福利和服务条件，接受职业训练和再训练，包括实习训练、高等职业训练和经常训练的权利；

（d）同样价值的工作享有同等报酬（包括福利）、平等待遇的权利，在评定工作的表现方面，享有平等待遇的权利；

（e）享有社会保障的权利，特别是在退休、失业、疾病、残废和老年或其他丧失工作能力的情况下，以及享有带薪假的权利；

（f）在工作条件中享有健康和安全保障，包括保障生育机能的权利。

2. 缔约各国为使妇女不致因结婚或生育而受歧视，又为保障其有效的工作权利起见，应采取适当措施：

（a）禁止以怀孕或产假为理由予以解雇，以及以婚姻状况为理由予以解雇的歧视，违反规定者得受处分；

（b）实施带薪产假或具有同等社会福利的产假，不丧失原有工作、年资或社会津贴；

（c）鼓励提供必要的辅助性社会服务，特别是通过促进建立和发展托儿设施系统，使父母得以兼顾家庭义务和工作责任并参与公共生活；

（d）对于怀孕期间从事确实有害于健康的工作的妇女，给予特别保护。

3. 应参照科技知识，定期审查与本条所包含的内容有关的保护性法律，必要时应加以修订、废止或推广。

《1958 年消除就业和职业歧视公约》（摘录）

第一条

一、就本公约而言，“歧视”一词包括：

（一）基于种族、肤色、性别、宗教、政治见解、民族血统或社会出身等原因，具有取消或损害就业或职业机会均等或待遇平等作用的任何区别、排斥或优惠；

（二）有关会员国经与有代表性的雇主组织和工人组织（如存在此种组织）以及其他适当机构协商后可能确定的、具有取消或损害就业或职业机会均等或待遇平等作用的其他此种区别、排斥或优惠。

二、对一项特定职业基于其内在需要的任

何区别、排斥或优惠不应视为歧视。

三、就本公约而言，“就业”和“职业”二词所指包括获得职业培训、获得就业和特定职业，以及就业条款和条件。

第五条

一、国际劳工大会通过的其他公约和建议书规定的保护或援助的特殊措施不应视为歧视。

二、凡会员国经与有代表性的雇主组织和工人组织（如存在此种组织）协商，得确定为适合某些人员特殊需要而制定的其他专门措施应不被视为歧视，这些人员基于诸如性别、年龄、残疾、家庭负担，或社会或文化地位等原因而一般被认为需要特殊保护或援助。

后 记

《创建家庭友好型工作场所指导手册》（以下简称《指导手册》）是在2020年开展帮助支持职工平衡工作和家庭责任调研的基础上，由全国总工会女职工部组织编写。本书由全国总工会女职工部副部长唐晓青担任主编，参加编写的人员有全国总工会女职工部唐晓青、徐建红、孔繁羽、孙颙琰，中国政法大学刘小楠，国际劳工组织中国和蒙古局黄群。开展调研和《指导手册》的编写工作得到了多方的帮助和支持，感谢有关部门、各地方工会女职工组织、企业及专家提出的宝贵意见和建议。

由于时间、篇幅和经验所限，本书难免存在不足和疏漏之处，敬请读者批评指正。

全总女职工部

2021年11月

图书在版编目（CIP）数据

创建家庭友好型工作场所指导手册 / 中华全国总工会女职工部编著.
—北京：中国工人出版社，2021.8
ISBN 978-7-5008-7606-9

Ⅰ.①创… Ⅱ.①中… Ⅲ.①工作条件—基本知识 Ⅳ.①D410

中国版本图书馆CIP数据核字（2021）第154627号

创建家庭友好型工作场所指导手册

出 版 人 王娇萍
责任编辑 冀 卓 李 丹
责任印制 栾征宇
出版发行 中国工人出版社
地 址 北京市东城区鼓楼外大街45号 邮编：100120
网 址 http://www.wp-china.com
电 话 （010）62005043（总编室）
（010）62005039（印制管理中心）
（010）82027810（职工教育分社）
发行热线 （010）82029051 62383056
经 销 各地书店
印 刷 三河市东方印刷有限公司
开 本 787毫米×1092毫米 1/32
印 张 2.375
字 数 33千字
版 次 2021年11月第1版 2022年6月第5次印刷
定 价 20.00元